Bibliografische Information der Deutschen Nationalbibliothek:

Die Deutsche Bibliothek verzeichnet diese Publikation in der Deutschen National-
bibliografie; detaillierte bibliografische Daten sind im Internet über http://dnb.d-
nb.de/ abrufbar.

Impressum:

Copyright © 2017 GRIN Verlag, Open Publishing GmbH
Druck und Bindung: Books on Demand GmbH, Norderstedt Germany
ISBN: 9783668465077

Dieses Buch bei GRIN:

http://www.grin.com/de/e-book/367150/flechten-als-indikatoren-fuer-luftverschmut-
zung

Luca Kiedrowski

Flechten als Indikatoren für Luftverschmutzung

Ist die Luft der Margarethenhöhe qualitativ besser als die der Schuren-bachhalde?

GRIN Verlag

GRIN - Your knowledge has value

Der GRIN Verlag publiziert seit 1998 wissenschaftliche Arbeiten von Studenten, Hochschullehrern und anderen Akademikern als eBook und gedrucktes Buch. Die Verlagswebsite www.grin.com ist die ideale Plattform zur Veröffentlichung von Hausarbeiten, Abschlussarbeiten, wissenschaftlichen Aufsätzen, Dissertationen und Fachbüchern.

Besuchen Sie uns im Internet:

http://www.grin.com/

http://www.facebook.com/grincom

http://www.twitter.com/grin_com

Viktoria-Gymnasium   Schuljahr 2016/2017

Facharbeit in der Qualifikationsphase 1

Fach: Biologie
Name des Schülers: Luca Kiedrowski

Flechten als Indikatoren für Luftverschmutzung an zwei ausgewählten
Standorten in Essen

Inhaltsverzeichnis

1. Einleitung

In dieser Facharbeit werde ich die Luftverschmutzung der Schurenbachhalde in Altenessen sowie eines Waldgebietes der Margarethenhöhe nachweisen. Dies werde ich mit Hilfe von Flechten machen, in dem ich diese als Bioindikator verwende. Dabei stellt sich dich Frage, ob die Luft der Margarethenhöhe qualitativ besser ist als die der Schurenbachhalde. Den Grund für diese Annahme liefern die Umgebungen dieser Standorte. Die Margarethenhöhe liegt in einem natürlichen, verkehrsarmen Ort und sollte deshalb saubere Luft besitzen. Die Schurenbachhalde hingegen hat ein hohes Verkehrsaufkommen und liegt nicht weit von Betrieben entfernt, welche Schadstoffe produzieren.

2. Was versteht man unter Flechten?

2.1 Anatomie und Fortpflanzung von Flechten

Unter einer Flechte versteht man eine Symbiose zwischen einem Mykobiont (Pilz) und einem oder mehreren Photobionten (Algen oder Cyanobakterien).[1] Die Algen sind vom Gewebe des Pilzes umschlossen und erhalten so einen Schutz vor Trockenheit, Wärme und intensivem Licht. Als Gegenleistung erhält der Pilz von seinem Partner Kohlenhydrate, welche er mit Saugfäden – sogenannten Haustorien – aus der Alge heraussaugt. Dies ist für den Pilz lebensnotwendig, da er kein Chlorophyll besitzt um selbst Photosynthese zu betreiben.[2] [4]

Flechten besitzen eine untere und obere Rinde aus Hyphenzellen, welche vom Pilz alleine gebildet wird. Im Inneren der Flechte halten sich die Algen und ein Pilz in einer gemeinsamen Schicht auf, die den Namen „Algenschicht" trägt. Als Verstärkung der unteren Rinde findet man zudem bei einigen Flechten eine Pilzhyphenschicht, die als Mark bezeichnet wird oder wurzelähnliche Strukturen die man Rhizien nennt. Bei manchen Flechten (besonders Blattflechten) bildet sich außerdem ein Thallus, welcher aus den Flechten herauswächst und diesen mit seiner dichten, geschlossenen Struktur Schutz gewährt. Da dies die Flechte aber auch bei dem

---

[1] https://www.anbg.gov.au/lichen/what-is-lichen.html, 22.02.17
[2] Flechten – Doppelwesen aus Pilz und Alge, Guido B. Feige, S. 10

Gasaustausch behindert, besitzen sie sogenannte Atemporen (Solare), Durchbrechungen der Rinde, durch die der Gasaustausch stattfinden kann.

Vermehren können sich Flechten sexuell über Sporen, welche in Schläuchen (Asci) gebildet werden. Liegt der Fruchtkörper, der diese Schläuche enthält offen an der Oberfläche, spricht man von sogenannten Apothecien. Neben dieser sexuellen Fortpflanzung können Flechten sich auch vegetativ mittels Soredien vermehren. Dazu bricht die Rinde des Thallus auf und ein Teil des Gewebes der Algenschicht quillt heraus. Die auf dieser Schicht vorhandenen Soredien werden nun, wie die Sporen auch, durch Wind und Wasser ausgebreitet. Der entscheidende Vorteil hierbei ist, das die Soredien sowohl Pilz als auch Alge enthalten, während die Sporen nur den Pilz enthalten und sich erst einen neuen Symbiosepartner suchen müssen.

Flechten sind extrem langlebige Organismen, wobei einige Krustenflechten sogar bis zu über 1000 Jahre alt werden können, was aber nicht zwingend heißen muss, dass diese sonderlich groß sind. Flechten wachsen in der Regel weniger als einen Millimeter im Jahr, derweil können es einige – wie zum Beispiel die Blattflechtengruppe „Peltigera" - sogar auf bis zu 30 Millimeter im Jahr bringen. Durch die Symbiose sind sie außerdem in der Lage extreme Lebensräume zu besiedeln, in denen die getrennten Partner alleine keine Überlebenschance hätten. So findet man sie nicht nur in Wüsten oder unter Wasser, sondern auch in der Antarktis oder an schneefreien Felsen in Hochgebirgen [3] [4]

2.2 Flechtenarten

Es gibt schätzungsweise 25.000 verschiedene Flechtenarten, wovon man ungefähr 2500 in Mitteleuropa finden kann. Es gibt diverse Flechtengruppen, da Flechten ihre ganz eigene Struktur besitzen und sich auch in Form und Farbe von ihren Artgenossen unterscheiden. Man teilt sie in vier Hauptgruppen ein, welche sich ebenfalls in Untergruppen unterteilen lassen: Die Gallertflechten sind sehr verästelt und meist horn- oder becherförmig, wachsen aufrecht oder herabhängend. Blattflechten (auch Laubflechten genannt) hingegen sind wie Lappen übereinander gelagert und fest mit ihrer

---

[3]   http://www.spektrum.de/lexikon/biologie/flechten/24819, 25.02.17
[4]   Farne – Moose – Flechten, Hans Martin Jahns, S. 22 ff.

Unterlage verwachsen. Die Strauchflechten sind nur an einer Stelle der Unterseite fest mit dem Substrat verwachsen und stehen ansonsten ab oder hängen herab. Krustenflechten sind fast komplett mit ihrer Unterlage verwachsen und lassen sich deshalb nicht von ihr ablösen. Zudem findet man sie häufiger an vom Menschen erschaffenen Gegebenheiten wie Mauern, Dächern oder auch Laternen, während Blatt- und Strauchflechten meist Felsen oder Baumrinden zum Wachsen bevorzugen.[5] [6]

3. Flechten als Bioindikatoren

3.1 Erklärung des Begriffes Bioindikator

Als Bioindikatoren bezeichnet man grundsätzlich Organismen, welche auf die Veränderung ihrer Umwelt reagieren und somit eine oder mehrere Informationen über den qualitativen Zustand dieser liefern. Dabei unterscheidet man zwischen Reaktionsindikatoren und Akkumulationsindikatoren. Akkumulationsindikatoren sammeln Schadstoffe an, ohne sich dabei stark selbst zu schädigen, während Reaktionsindikatoren meist sofort Schäden aufweisen. Man verwendet diese Indikatoren auf drei verschiedene Weisen: Als Zeigerorganismus, Testorganismus und Monitororganismus. Zeigerorganismen können nur unter bestimmten Umweltbedingungen leben, weshalb man bei Vorkommen oder nicht Vorkommen dieser Organismen Rückschlüsse auf die Umwelt ziehen kann, während Testorganismen auf verschiedenste Weise im Labor eingesetzt werden, um Untersuchungen durchzuführen. Monitororganismen hingegen liefern durch ihr spezifisches Verhalten gegenüber Schadstoffen Nachweise von Immissionswirkungen ihres Standortes. [7]

3.2 Bestimmung von Umweltfaktoren mithilfe von Flechten

Flechten sind Epiphyten, also Pflanzen, die auf anderen Pflanzen wachsen und sich trotzdem eigenständig ernähren. Um überhaupt überleben zu können, beziehen sie Wasser und andere wichtige Nährstoffe aus ihrer unmittelbaren Umwelt. Ist die Luft jedoch mit Schadstoffen belastet, sind die

---

[5]   Flechten erkennen – Umwelt bewerten, Ulrich Kirschbaum, S. 10 , S.40 f.
[6]   Flechten – Doppelwesen aus Pilz und Alge, Guido B. Feige, S.66 ff.
[7]   http://www.spektrum.de/lexikon/biologie/bioindikatoren/8641, 26.02.2017

Flechten diesen ausgesetzt. Sie haben weder einen Schutzmechanismus, noch die Möglichkeit Nährstoffe von Schadstoffen zu unterscheiden. So wird das Zusammenleben zwischen Pilz und Alge immens gestört, was die Flechten oft nach außen hin zeigen. Sie fangen beispielsweise an zu zerfallen oder verschwinden komplett aus dem verschmutzten Gebiet. Das macht nicht nur die einzelne Flechte an sich, sondern auch ihre Vegetation zu einem Indikator für verschiedenste Veränderungen, was sie neben Monitororganismen auch zu Zeigerorganismen macht. Überall da, wo reichlicher Flechtenaufwuchs auf Baumrinden oder Hausdächern zu beobachten ist, ist die Luft sauber oder gegebenenfalls mit sehr geringen Verunreinigungen belastet. Hingegen gestaltet sich die Suche von Flechten in der Nähe von Kraftwerken oder Autobahnen äußerst schwierig, da dort nur Flechten überleben, die den entsprechenden Schadstoff vertragen können, ihm gegenüber toxitolerant sind. So ist es logisch, dass man zur Zeit der Kohlerevolution in Großstädten des Ruhrgebiets deutlich weniger Flechten beobachten konnte als es heute der Fall ist. [8] [9] [10]

4. Methode

Um die Luftverschmutzung an den ausgewählten Standorten zu dokumentieren, werde ich vor Ort nach Flechten suchen und diese auf Fotos festhalten. Dabei achte ich auf die Vegetation, darauf welche Flechten zu beobachten aber auch nicht zu beobachten sind und inwieweit sie im jeweiligen Gebiet verbreitet sind. Daraufhin vergleiche ich meine Entdeckungen mit Fotos von Flechten aus Büchern, die für die Bestimmung von Flechten vorgesehen sind. Nachdem ich die Flechten identifiziert habe, werde ich meine Ergebnisse miteinander vergleichen. Anhand dessen welche Flechten an welchem Standort wie oft vorkommen und in welchem Zustand sie sich befinden, werde ich Rückschlüsse auf die Luftverschmutzung ziehen. Zum Schluss werde ich diese Ergebnisse deuten und Begründungen aufstellen, warum die Luft sich am jeweiligen Standort in entsprechendem Zustand befindet.

[8] http://www.umweltwirkungen.de/flechten/bioindikation-mit-flechten/, 26.02.2017
[9] https://staff.concord.org/~btinker/gaiamatters/investigations/lichens/lichens.html, 26.02.2017
[10] Epiphytische Flechten als Umweltgütezeiger, Jan-Peter Frahm, S. 7 ff.

5. Waldgebiet auf der Margarethenhöhe

5.1 Beschreibung des Gebietes und der Umgebung

Die Margarethenhöhe liegt im südlichen Teil der Stadt Essen, wobei sich das von mir ausgewählte Waldgebiet im Nordosten der Margarethenhöhe befindet. Einige Waldwege führen durch das vergleichsweise kleine Gebiet, wobei zwei dieser Wege sich an einem kleinen See am östlichen Ende des Waldes kreuzen. Von dort aus kann man den Wald in Richtung des Grugaparks verlassen, jedoch ist man weiterhin von Bäumen umgeben. Westlich des Gebietes führen einige kleine Straßen durch das überschaubare Wohngebiet, während man nördlich des Gebietes durch eine Straße die Margarethenhöhe in Richtung des Stadtteils Holsterhausen verlässt. Im Süden befindet sich eine lange Landstraße, die einen wieder in den Kern der Margarethenhöhe zurückführt. Um das Gebiet herum befinden sich neben wenigen Straßen hauptsächlich einige umweltfreundliche Einrichtungen wie das „Bildungszentrum Gartenbau".

5.2 Flechtenvorkommen

In dem von mir untersuchten Waldgebiet der Margarethenhöhe gab es ein relativ hohes Flechtenvorkommen. Ich habe primär Flechten auf Bäumen gefunden, was unter anderem mit dem Mangel an sonstigen Gegebenheiten zusammenhängt.

Am auffälligsten war die Krustenflechte „Candelariella reflexa". Sie war nicht allzu selten zu finden, aber bedeckte die Baumrinden an denen ich sie fand nicht sonderlich großzügig. Auszeichnen tut sie sich durch ihre hellgelbe – manchmal auch grünliche - Farbe. Sie war nur selten Zentimeter, meist einige Millimeter lang.

Die Blattflechte „Phaeophyscia orbicularis" hingegen fand ich sehr häufig. Oft rund oder oval lagen mehrere Lappen mit einer hellgrauen bis hellgrünen Farbe sehr dicht übereinander, während die Unterseite eng mit der Baumrinde verknüpft war. Sie formte häufig mehrere „Rasen", die großflächig auf ihrer Unterlage verteilt und oft in der Nähe von Moosen zu beobachten waren (Abb. 1).

Eine Krustenflechte mit dem Namen „Lecanora expallens", welche man sonst erfahrungsgemäß an dicht befahrenen Hauptstraßen findet, befand sich auch selten im Gebiet. Ihre Farbe reichte von grün bis hin zu einer Mischung aus grau und weiß. Sie war gleichermaßen fest mit der Baumrinde verwachsen und somit nicht von dieser zu lösen. Meist war sie alleine an Bäumen zu finden, an denen sonst kaum andere Flechten lebten (Abb. 2).

Einige Bäume stachen besonders ins Auge, da sie die Blattflechte „Physcia tenella" oder auch die Strauchflechte „Evernia prunastri" besaßen, welche dicht mit der Blattflechte „Parmelia sulcata" („Sulcatflechte") zusammen die Rinden bedeckten (Abb. 3). „Parmelia sulcata" bedeckte dabei fast die gesamte Rinde mit größeren „Rasen", die einen Durchmesser von bis zu ungefähr fünf Zentimetern erreichten. Sie wuchsen aufsteigend vom Baum weg und waren meist blassgrau, selten auch dunkler und wirkten etwas wie eingerissenes Papier. „Physcia tenella" besaß ähnliche Eigenschaften. Sie wuchs ebenso vom Baum weg, jedoch weiter als „Parmelia sulcata", weshalb sie zwischen diesen herausstach. Zudem lagen ihre Verzweigungen weiter auseinander und sie war etwas heller, vereinzelt weiß (Abb. 4).

„Evernia prunastri" war strauchförmig und wuchs dementsprechend von der Baumrinde weg. Sie war gelbgrün und wurde bis zu ungefähr drei Zentimeter breit.

Abschließend lässt sich für das Flechtenvorkommen in diesem Gebiet sagen, dass es diverse Flechtenarten aus verschiedensten Hauptgruppen gab, doch die Blattflechten am meisten vertreten waren. Es gab Bäume, die nur kleine Krustenflechten besaßen, aber auch Bäume, deren Rinde mit Strauchflechten und mehreren Arten von Blattflechten übersät waren.

Außerdem gab es auch einige Bäume, an denen sich keine Flechten, dafür aber Moose oder Pilze befanden.

6. Schurenbachhalde in Altenessen-Nord

6.1 Beschreibung des Gebietes und der Umgebung

Die Schurenbachhalde ist eine typische Berghalde, welche zur Zeit des

Steinkohlebergbaus aus nicht verwertbaren Gesteinsschichten im Norden Altenessens entstand und ungefähr 50 Meter hoch ist. Auf der Halde wurden seit 1970 mehrere 1000 Bäume gepflanzt und zwei Seen angelegt. Östlich von ihr befinden sich ebenfalls nur Bäume und einige Felder, während sie im Norden unmittelbar an den Rhein-Herne-Kanal grenzt, welcher Altenessen vom Stadtteil Karnap trennt. Im Westen hingegen findet man neben einigen Gastronomien, Unternehmen und Häusern vor allem viele Straßen und etwas südlicher einen Schrottgroßhandel. Der gesamte südliche Teil, welcher der größte Teil der Schurenbachhalde ist, grenzt an die Bundesautobahn A42. Befindet man sich am höchsten Punkt hat man außerdem einen guten Blick auf die in der Nähe liegende Kokerei und das Bergwerk „Prosper".

6.2 Flechtenvorkommen [11] [12] [13]

Die Schurenbachhalde war nicht flechtenarm, jedoch musste ich einige Zeit suchen um überhaupt Flechten zu finden. Diese befanden sich dann meist auf kleinen Ästen und nur selten auf der Rinde von Bäumen. Lediglich auf einigen Holzbänken konnte ich noch Flechten beobachten, diese waren jedoch nicht besonders auffällig und aufgrund des maroden Holzes kaum identifizierbar. Da die Schurenbachhalde relativ groß ist und unterschiedlichste Flechten je nach Position aufwies, unterteile ich für die Bestimmung des Flechtenvorkommens das Gebiet in den nördlichen und südlichen Teil.

Vor allem zwei Flechten konnte ich auf der gesamten Halde gleichermaßen finden: Die Blattflechten „Parmelia sulcata" („Sulcatflechte") und „Xanthoria parietina" („Gewöhnliche Gelbflechte"). Nicht selten wuchsen diese beiden Flechten auf ein und demselben Ast, wobei mal die Sulcatflechte und mal die Gelbflechte dominierte (Abb. 5 u. Abb. 6).

Die Blattflechte „Parmelia sulcata" bedeckte die Äste meist auf der Oberseite und wuchs von ihnen weg. Wie schon auf der Margarethenhöhe war die Flechte auch auf der Schurenbachhalde meist blassgrau und selten auch mal

---

[11] Flechtenbestimmung mit Hilfe von „Epiphytische Flechten als Umweltgütezeiger", Jan-Peter Frahm

[12] Flechtenbestimmung mit Hilfe von „Farne – Moose – Flechten", Hans Martin Jahns

[13] Flechtenbestimmung mit Hilfe von „Flechten erkennen – Umwelt bewerten, Ulrich Kirschbaum

dunkler. Sie war in diesem Gebiet mit „Rasen", die einen Durchmesser von bis zu ungefähr neun Zentimetern besaßen, jedoch deutlich größer als auf der Margarethenhöhe.

Da es sich bei „Xanthoria parietina" ebenfalls um eine Blattflechte handelt, verhielt diese sich ähnlich. Auch sie bedeckte die Äste meist auf der Oberseite und wuchs von ihnen weg. Sie besaß einen Durchmesser von bis zu sechs Zentimetern und war, wie der Name bereits vermuten lässt, durchgehend hellgelb. Von der Flechte selbst sah ich jedoch nicht viel, da diese von ihren Apothecien verdeckt wurde. Diese Fruchtkörper waren bis zu drei Millimeter groß und unterschieden sich farblich nicht von der Flechte selbst, lediglich ihre Scheibe war selten leicht orange. Es fällt auf, dass der Rand um diese Apothecien sehr stark ausgeprägt ist, wodurch sie mir sofort ins Auge sprangen.

Neben diesen beiden Blattflechten traf ich auch hier auf die Blattflechte „Phaeophyscia orbicularis". Diese Flechte war jedoch nur im nördlichen Teil der Halde zu finden und ließ sich auch dort nicht allzu häufig blicken. Sie besaß jedoch immer Soredien (Abb. 7).

Die Krustenflechte „Lecanora expallens (Abb. 2) befand sich häufig an Bäumen, die bereits umgekippt waren, wies jedoch keine besonderen Merkmale gegenüber den Flechten der Margarethenhöhe auf. Sie befand sich im gesamten Gebiet.

Des weiteren fand ich auch hier die gelbe Krustenflechte „Candelariella reflexa", jedoch ebenfalls sehr selten. Ich fand sie zudem immer mit der bereits erwähnten „Sulcatflechte", kleinen Moosen und manchmal einer weiteren, für mich nicht näher identifizierbaren Blattflechte (Abb. 8). Im südlichen Teil war sie jedoch nicht zu beobachten, sondern nur unten am Berg im nördlichen Teil, relativ nah beim Rhein-Herne-Kanal. Dies liegt vermutlich daran, dass es dort am feuchtesten und zugleich am schattigsten ist.

Die Schurenbachhalde bot je nach Position verschiedenste Flechten, wobei ich hauptsächlich auf ausgetrocknete Blattflechten traf.

7. Vergleich und Deutung des Flechtenvorkommens der beiden Gebiete

Die Flechtenvorkommen der Margarethenhöhe und der Schurenbachhalde boten gleiche, aber auch verschiedene Flechten. Von vornherein lässt sich sagen, dass auf der Margarethenhöhe die Flechtenvegetation deutlich höher war.

Die Krustenflechte „Candelariella reflexa" war an beiden Standorten gleichermaßen vorhanden. Häufig findet man sie auch auf Straßenbäumen. Dies liegt daran, dass sie nur auf Baumrinde wächst, welche nährstoffreich und zugleich staubig ist. Das lässt auf relativ staubige Luft in beiden Gebieten schließen. [14] [15]

Des Weiteren war die Krustenflechte „Lecanora expallens" vertreten. Sie wächst meist in luftverschmutzten Gebieten, kann aber auch anderswo auftauchen. Sie tauchte vermehrt auf der Schurenbachhalde und nur selten auf der Margarethenhöhe auf. Dadurch kann man anhand dieser Flechte von schlechterer Luft auf der Schurenbachhalde ausgehen. [16]

Die Blattflechte „Phaeophyscia orbicularis" war häufiger auf der Margarethenhöhe zu sehen. Allein diese Tatsache könnte ein Indiz für schlechtere Luft auf der Halde sein, obwohl sie sehr unempfindlich auf Schadstoffe reagiert. Ausschlaggebend war hierbei eher, dass diese Blattflechte auf der Schurenbachhalde immer Soredien aufwies und auf der Margarethenhöhe nicht. Dies deutet auf mehr Stickstoff in der Luft der Schurenbachhalde hin. [17] [18] [19]

„Permelia sulcata" war - nicht überraschend - an beiden Standorten reichlich vertreten. Sie ist weitestgehend überall anzutreffen, da sie sehr unempfindlich gegenüber Schadstoffen ist. Deshalb konnte ich aus ihr keine Rückschlüsse auf die Luftqualität ziehen. [20]

„Physcia tenella" begegnete ich nur auf der Margarethenhöhe, aber auch dort nicht sehr häufig. Dies ist abermals ein Indiz für schlechte Luft auf der Halde, aber auch dafür, dass die Luft der Margarethenhöhe nicht ganz rein ist.

---

[14] Flechten erkennen – Umwelt bewerten, Ulrich Kirschbaum, S. 83
[15] Epiphytische Flechten als Umweltgütezeiger, Felix Schumm, S. 60
[16] Flechten erkennen – Umwelt bewerten, Ulrich Kirschbaum, S. 111
[17] Flechten erkennen – Umwelt bewerten, Ulrich Kirschbaum, S. 146
[18] Epiphytische Flechten als Umweltgütezeiger, Norbert J. Stapper, S. 131 f.
[19] http://www.naturespot.org.uk/species/phaeophyscia-orbicularis, 04.03.2017
[20] Flechten erkennen – Umwelt bewerten, Ulrich Kirschbaum, S. 135

Die Strauchflechte „Evernia prunastri" liefert ähnliche Ergebnisse. Sie war ebenfalls nicht auf der Halde zu finden, obwohl auch sie weit verbreitet ist und lediglich bei schadstoffreicher Luft fehlt. [21] [22]

Am aussagefähigsten war aber „Xanthoria parietina". Diese Flechte ist sehr tolerant gegenüber Luftverschmutzung und ebenfalls weit verbreitet. In Gebieten mit schwefeldioxidhaltiger Luft findet man sie jedoch vermehrt, da sie durch diesen schneller wächst. Auf der Schurenbachhalde fand man diese Flechte relativ oft, während man sie auf der Margarethenhöhe vergeblich suchte. Dies lässt darauf schließen, dass die Luft dort kaum Schwefeldioxid enthält, während die Luft auf der Halde mit ungefähr 70 µg/m3 Schwefeldioxid relativ verschmutzt ist. [23] [24] [25]

8. Gründe für die Luftverschmutzung

Essen gehört auch heutzutage noch zu einer der Städten Deutschlands, in der die Luft am meisten mit Feinstaub verschmutzt ist. [26] Dies belegte auch das Vorkommen der Flechten, welche auf staubiger Rinde zu finden waren. Erklären kann man dies unter anderem mit der Kohlerevolution Mitte des letzten Jahrhunderts. Der Stickstoffgehalt der Luft der Schurenbachhalde ist hingegen höher als der der Margarethenhöhe. Das kann man dem Verhalten von „Phaeophyscia orbicularis" entnehmen. Man fand sie nur im nördlichen Teil, wo sie in Form von Soredien auf den Stickstoff reagierte. Im südlichen Teil, dem Teil der an die Autobahn grenzt, fand man diese Flechte nicht. Das lässt darauf schließen, dass die Luftverschmutzung in Form von Stickstoff hauptsächlich durch die Autos, die auf der Autobahn fahren, bedingt ist. Doch auch die Schiffe im nördlichen Teil produzieren Stickstoff und tragen zur Luftverschmutzung bei. Auch der hohe Schwefeldioxidgehalt der Luft der Halde ist ebenfalls maßgeblich auf den Schiffsverkehr zurückzuführen, da dieser in großen Mengen SO₂ produziert und die Luft verschmutzt. Da die

[21] Flechten erkennen – Umwelt bewerten, Ulrich Kirschbaum, S. 91
[22] https://de.wikipedia.org/wiki/Evernia_prunastri, 04.03.2017
[23] Flechten – Doppelwesen aus Pilz und Alge, Guido B. Feige, S. 33
[24] Flechten erkennen – Umwelt bewerten, Ulrich Kirschbaum, S. 183
[25] Epiphytische Flechten als Umweltgütezeiger, Norbert J. Stapper, S. 151
[26] http://www.ingenieur.de/Themen/Klima-Umwelt/Die-17-schmutzigsten-Staedte-Deutschlands, 04.03.2017

Margarethenhöhe weder viel Autoverkehr noch Schiffsverkehr besitzt, ist die Luft dort dementsprechend weniger verschmutzt.

9. Anhang

Abb. 1

„Phaeophyscia orbicularis" bedeckt
größtenteils „Candelariella reflexa"

Abb. 2

Krustenflechte „Lecanora expallens"

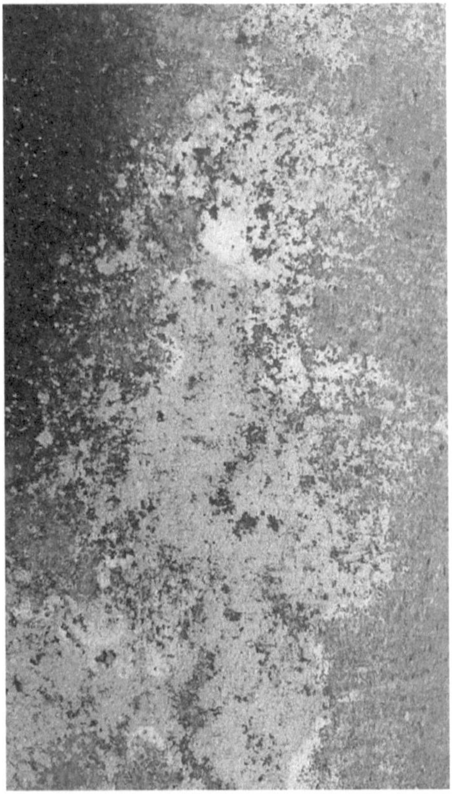

Abb. 3

Die Strauchflechte „Evernia Prunastri" zwischen
der Blattflechte „Parmelia Sulcata"

Abb. 4

„Physcia tenella"

Abb. 5

„Xanthoria parietina" mit teils orangenen Apothecien dominieren „Parmelia sulcata"

Abb. 6

„Parmelia sulcata" dominieren „Xanthoria parietina"

Abb. 7

„Phaeophyscia orbicularis" mit sehr vielen Soredien

Abb. 8

„Candelariella reflexa" auf einem kleinen Baumstamm mit Moosen, „Parmelia sulcata" und einer weiteren kleinen Blattflechte (eventuell „Physcia semipinnata")

10. Literaturverzeichnis

Alphabetisch nach Namen der Autoren

•Feige, Guido B., Kremer, Bruno P. (1979): Flechten – Doppelwesen aus Pilz und Alge : Vorkommen, Lebensweise, Bestimmung (2. Auflage), Stuttgart, Franckh'sche Verlagshandlung

•Frahm, Jan-Peter, Schumm, Felix, Stapper, Norbert J. (2010): Epiphytische Flechten als Umweltgütezeiger, Norderstedt, Books on Demand GmbH

•Jahns, Hans Martin (1995): Farne, Moose, Flechten Mittel-, Nord- und Westeuropas (4. Auflage), München, BLV Verlagsgesellschaft mbH

•Kirschbaum, Ulrich, Wirth, Volkmar (2010): Flechten erkennen – Umwelt bewerten (3. Auflage), Wiesbaden, Hessisches Landesamt für Umwelt und Geologie

Internetseiten

•https://www.anbg.gov.au/lichen/what-is-lichen.html, 22. Februar 2017

•http://www.spektrum.de/lexikon/biologie/flechten/24819, 25 Februar 2017

•http://www.spektrum.de/lexikon/biologie/bioindikatoren/8641, 26. Februar 2017

•http://www.umweltwirkungen.de/flechten/bioindikation-mit-flechten/, 26. Februar 2017

•https://staff.concord.org/~btinker/gaiamatters/investigations/lichens/lichens.html, 26. Februar 2017

•http://www.naturespot.org.uk/species/phaeophyscia-orbicularis, 03. März 2017

•https://de.wikipedia.org/wiki/Evernia_prunastri, 04. März 2017

•http://www.ingenieur.de/Themen/Klima-Umwelt/Die-17-schmutzigsten-Staedte-Deutschlands, 04. März 2017